促进核心素养发展的STEAM课程

郑旭东　吴玉松◎主编

BAOHU
MEILI SENLIN

保护美丽森林

长江出版传媒　湖北科学技术出版社

图书在版编目（CIP）数据

促进核心素养发展的STEAM课程．保护美丽森林／郑旭东
吴玉松主编．—武汉：湖北科学技术出版社，2020.12
ISBN 978-7-5706-0326-8

Ⅰ．①促…　Ⅱ．①郑…　Ⅲ．①科学知识－小学－教学参考资料
Ⅳ．①G624.63

中国版本图书馆CIP数据核字（2020）第135545号

出 版 人　章雪峰
策划编辑　万冰怡
责任编辑　万冰怡
美术编辑　胡　博
责任校对　陈横宇
督　　印　刘春尧
出版发行　湖北科学技术出版社
地　　址　武汉市雄楚大街268号
　　　　　（湖北出版文化城B座13-14层）
邮　　编　430070
电　　话　027-87679464
网　　址　http://www.hbstp.com.cn
印　　刷　湖北恒泰印务有限公司
邮　　编　430223
开　　本　787毫米×1092毫米　16开　　2印张
字　　数　26千字
版　　次　2021年1月第1版
　　　　　2021年1月第1次印刷
定　　价　18.00元

《保护美丽森林》

编委会

前言

PREFACE

由在班级这一基本的组织框架下实施的分科教学构成的班级授课制，成为近代以来教育系统最基本的制度安排。在信息技术与课程教学深度融合驱动的新一轮教育改革中，STEAM 与创客教育备受关注，被寄予了打破传统的制度框架、培养创新创业型人才的厚望。STEAM 与创客教育致力于以工程实践实现知识整合，为实现真正意义上的跨学科教学开辟一条新路。它寄托在学习者身上的全部追求，即：像艺术家一样去想象，以彰显自我的真实；像科学家一样去思考，以展现理性的权威；像工程师一样去行动，以释放知识的力量；像正常人一样去生活，以汲取经验的滋养，从而让教育在实践中走向真、善、美的统一，真正破解异化的教育造就异化的人这一历史难题，让教育在 21 世纪人类文明创新发展的新历史进程中大放异彩！

为践行以上 STEAM 与创客教育的本体论承诺，我们研发了系列 STEAM 与创客整合课程。该系列课程具有以下特色：一是参照多学科课程标准。课程内容的选择及知识点难度的确定依据《义务教育小学科学课程标准》《全日制义务教育数学课程标准（实验稿）》《基础教育信息技术课程标准（2012 版）》等，使课程内容既符合学习者的认知发展水平，又能以整合的方式被运用，以有效支撑学科教学。二是让学习者动手动脑动心。课程设置丰富的动手操作活动，并在活动中融入多学科知识基础和问题支架促进学生动脑思考，让学生在动手动脑的学习过程中真正喜欢 STEAM 与创客教育整合课程。三是适应多样化的教学场景。课程设计根据不同的空间环境和材料设备状况，针对同一学习内容设计了不同的实施方案，加上模块化的课程组织方式，使课程能够适应学校教育场景和科技馆、学习中心、博物馆等多种校外教育场景。四是师生分册。

教师的教和学生的学共同组成完整的教学活动，针对教师教学和学生学习的不同需求，分别设计了教师用书和学生用书。学生用书为学生的学习提供完整的脚手架，引领学习活动不断走向深入。教师用书帮助教师在理解教学的基础上以学定教的实施教学。

苏格拉底曾说：“教育不是灌输，而是点燃火焰。”STEAM 与创客教育的目标就是要点燃埋藏在学习者心底那求知的火焰，让教育重新焕发生机与活力，让学校重新成为一个令人向往的地方。现在，STEAM 与创客教育工作者们已经从“动手”的境界出发，向“动脑”的境界迈进，最终必然会到达“动心”的光辉顶点。为此，需要在超越“做中学”和“发现学习”的基础上，通过“创中学”以技术拨动孩子心灵的琴弦，实现动手、动脑与动心的交织融合，开创教育新的未来。狄更斯曾在以法国大革命为背景写就的《双城记》中说：“这是最好的时代，也是最坏的时代。”今天的教育同样处在深刻变革的历史洪流之中。对教育变革饱含热情的人们虽然已经见惯了“失望之冬”，但仍然对“希望之春”充满了憧憬。STEAM 与创客教育的航船承载了教育未来的希望。站在历史的地平线上，已经能够遥望到这艘在教育的蓝海中前行之航船的桅杆尖头。经由我们的努力，未来一代的学习者们，将可以搭乘这艘航船，驶向在诸神和英雄的世界中发现并创造自我的教育彼岸。

目录

CONTENTS

保护美丽森林

模块一 美丽的森林着火了

核心问题

森林为什么会着火?

我们如何避免森林火灾?

情境

森林火灾对森林的威胁最大，是林业面临的最可怕的灾害，它会给森林带来毁灭性的打击。我们应如何避免森林火灾?

关键词

燃烧三要素　森林火灾　雷击火灾

活动

活动一 森林火灾

请列举森林火灾的危害。

活动二 认识燃烧现象

1 请说出燃烧与哪些因素有关。

2 请根据视频内容，反思实验中的现象，并推导出燃烧的三要素。

【提示】 白磷在40℃左右就能燃烧，红磷燃烧则需要达到更高的温度。国际上常用摄氏度作为温度的计量单位来表示物体的冷热程度。

（1）铜片上的白磷燃烧了，而水下的白磷没有燃烧，据此可以得出什么结论？

（2）铜片上的白磷燃烧了，而铜片上的红磷没有燃烧，据此可以得出什么结论？

（3）往热水中的白磷通入氧气，白磷也燃烧了，请解释其中的原因。

（4）本实验的设计依据是控制变量法，请简述哪些地方的设计体现了控制变量法。

__________、__________、__________，是燃烧三要素。三者结合是燃烧的基本条件，预防火灾就是要避免三者的结合，而灭火的原理则是破坏三者的结合。

活动三 森林救火

请以小组为单位，发挥想象，思考如果发生了森林火灾，有什么办法可以将其扑灭？

序号	小组的想法	解释该想法的关键词	是否赞同
例 1	用水浇	消防车、高压水枪、降低温度消灭着火源	赞同

我的评价

请根据自己的学习情况，给小星星涂上喜欢的颜色。

20% 能做到 ☆
40% 能做到 ☆☆
60% 能做到 ☆☆☆
80% 能做到 ☆☆☆☆
100% 能做到 ☆☆☆☆☆

1. 我能使用搜索引擎精确查找有关保护森林的资料	☆☆☆☆☆
2. 我能根据实验现象，利用控制变量法，推理出燃烧的三要素	☆☆☆☆☆
3. 我能运用燃烧三要素的相关知识，解释灭火的原理	☆☆☆☆☆
4. 我能举例说出森林起火的危害，具备保护环境的意识	☆☆☆☆☆

反思笔记

◎燃烧的三要素是：

____

____

◎结合燃烧三要素，我列举出的应对森林火灾的办法有：

____

____

◎我在本模块收获最多的是：

____

____

◎我在本模块做得不好需要努力的地方是：

____

____

模块二 神奇的火焰传感器

核心问题

什么是火焰传感器？

它的工作原理是什么？

情境

夏天来了，天气越发炎热干燥，森林火灾也到了高发期。为了能更高效地探测火情、及时阻止火势的蔓延，护林所决定派工程老师带我们制作火焰传感器，以便在出现火情警报时，能及时出动，快速搜索火源。

关键词

电流　电压　电阻　火焰传感器　拼装　调试

活动

活动一 基础电路知识

1 请说出火焰传感器的工作原理。

____

____

____

____

2 下面为电压、电流以及电阻的相关知识，请仔细阅读。

电压	电压是一种驱动电流流动的力量，由电源提供。在不改变电源的情况下，总电压是不变的
电阻	电阻是一种阻碍电流流动的力量，每个电子元件都有电阻。电阻越大，元件对电流的阻碍作用越强，吸收的电流越多，电路中的电流就越小

一般电子元件的电阻都是不变的，除了变阻器。变阻器有很多种，其特点是电阻可以改变。

图 2-1 中的器件叫滑动变阻器，只要移动其上部的划片，其电阻就会发生变化

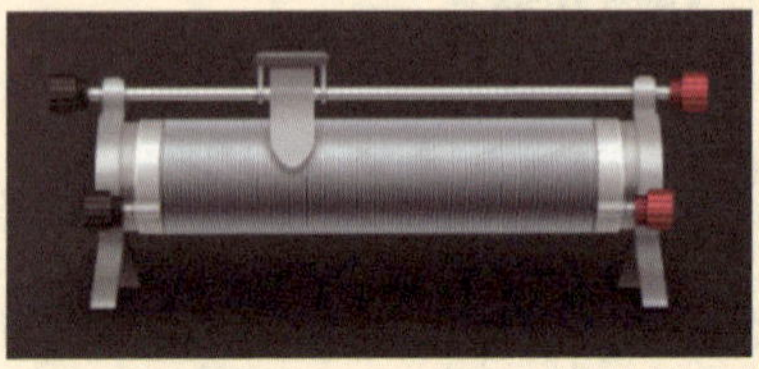

图 2-1　滑动变阻器

3 如果将一个滑动变阻器接入电路，调节滑动变阻器会给电路带来什么样的影响？请将探究结果填写在横线上。

活动二 推测火焰传感器原理

当装载了火焰传感器的机器人在工作中靠近火焰时，其内部的电路会发生怎样的变化？

活动三 火焰传感器的 Arduino 编程及效果验证

1 回顾给火焰传感器编程的过程，回答下列问题。

（1）在给火焰传感器进行编程时，遇到了什么问题？

（2）出现这些问题的原因可能是什么？

（3）对于出现的问题，可以怎样解决？

我的评价

请根据自己的学习情况，给小星星涂上喜欢的颜色。

20% 能做到 ☆
40% 能做到 ☆☆
60% 能做到 ☆☆☆
80% 能做到 ☆☆☆☆
100% 能做到 ☆☆☆☆☆

1. 我能根据实验现象推测火焰传感器的原理，并借助模拟电路进行验证	☆☆☆☆☆
2. 我能理解电流、电压和电阻的含义以及它们之间的关系	☆☆☆☆☆
3. 我能拼装火焰传感器并利用 Arduino 软件进行编程	☆☆☆☆☆
4. 我能利用 Arduino 软件进行编程，使火焰传感器在检测到火焰后及时发出警报	☆☆☆☆☆

反思笔记

◎我在本模块学得最好的是：

____

____

____

◎火焰传感器的工作原理是：

____

____

____

◎我在本模块收获最多的是：

____

____

____

◎我在本模块做得不好需要努力的地方是：

____

____

____

模块三 森林火灾救援行动

核心问题

遭遇森林火灾时如何自救？

如何使救援小车动起来？

情境

发生森林火灾时，火势危急，浓烟密布，消防员很难及时展开救援工作。那么如果身陷火场，我们该怎么办呢？

关键词

中央处理器　输入设备　输出设备

活动

活动一 认识森林火灾自救方法

遭遇森林火灾时，我们首先需要自救。请以小组为单位，讨论在森林火灾中，受困人员可以使用哪些自救方法。

____

____

____

____

活动二 使救援小车动起来

1 请观察机器人小车的构造，并写出下列组成部分的名称。

<table>
<tr>
<td>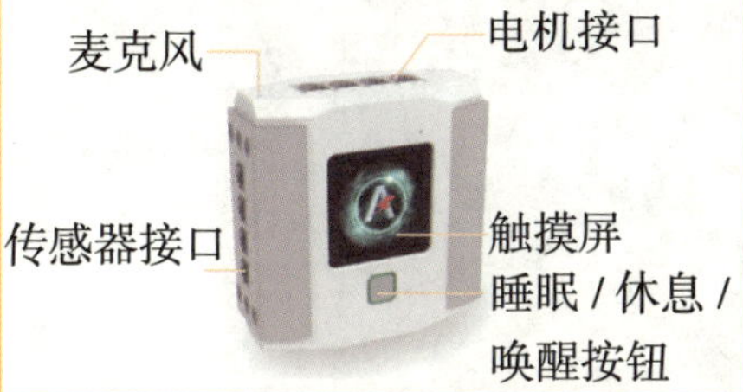
</td>
<td></td>
<td></td>
</tr>
<tr>
<td></td>
<td></td>
<td></td>
</tr>
</table>

2 请观察图 3–1 所示的计算机，指出图中电脑的显示屏和键盘分别代表输入设备还是输出设备。

想一想，在操控机器人小车的过程中，哪些步骤属于输入？哪些步骤属于输出？请以小组为单位进行讨论。

图 3–1 输入与输出设备

3 请思考机器人小车的运动原理。

编程控制 ——CPU（中央处理器）——电机带动轮子转动

4 认识“氪”应用软件。

（1）编程界面（图 3–2）。

图 3–2 编程界面

（2）运动模块（图 3–3）。

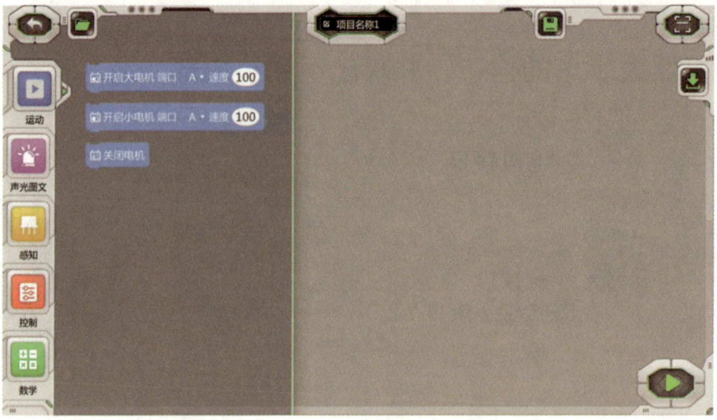

图 3–3　运动模块

（3）声光图文模块（图 3–4）。

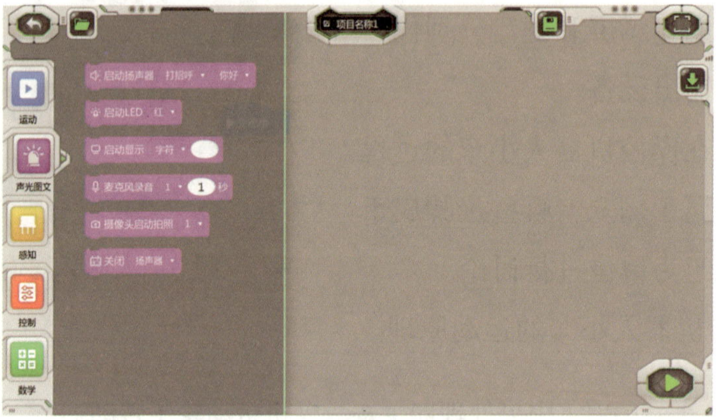

图 3–4　声光图文模块

（4）感知模块（图 3–5）。

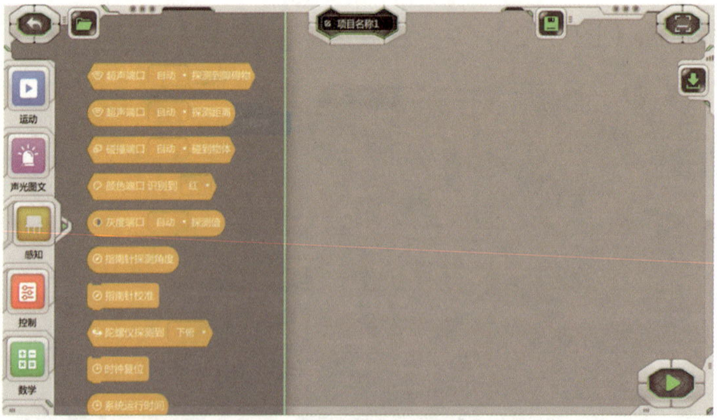

图 3–5　感知模块

（5）控制模块（图 3-6）。

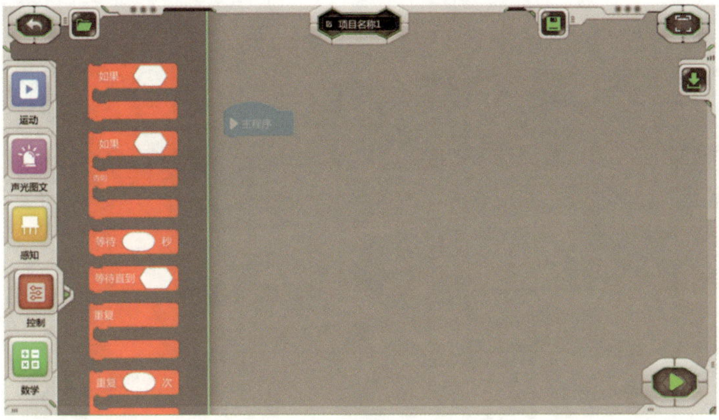

图 3-6　控制模块

（6）数学模块（图 3-7）。

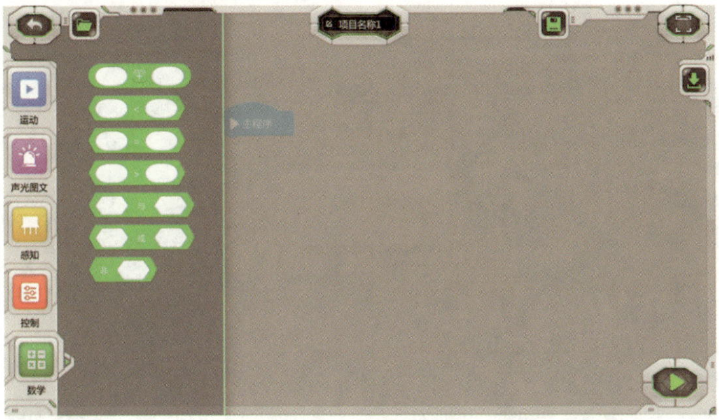

图 3-7　数学模块

5 请通过编程使小车动起来。

（1）按照“热点连接”步骤，将机器小车与软件连接（图 3-8）。

图 3-8　连接机器小车和软件

（2）开启小电机指令（图 3–9）。

图 3–9　开启小电机指令

（3）选择与车轮对应的接口（图 3–10）。

图 3–10　选择对应接口

（4）加上关闭电机指令（图 3–11）。

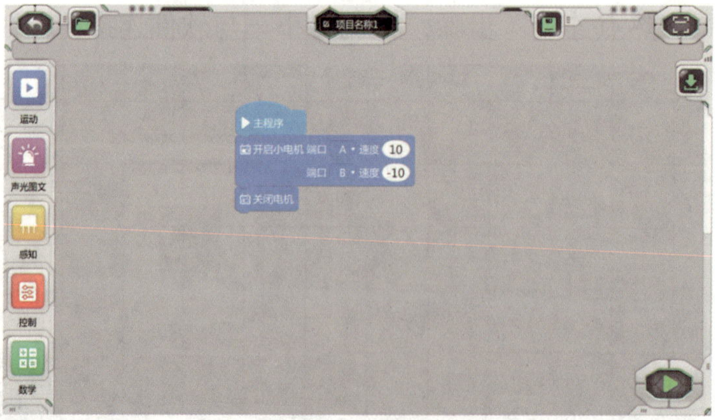

图 3–11　加上关闭电机指令

（5）点击运行（图 3–12）。

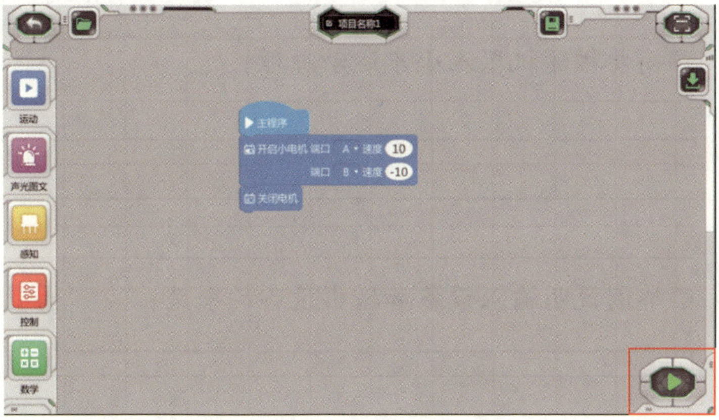

图 3–12　运行

我的评价

请根据自己的学习情况，给小星星涂上喜欢的颜色。

20% 能做到　☆
40% 能做到　☆☆
60% 能做到　☆☆☆
80% 能做到　☆☆☆☆
100% 能做到　☆☆☆☆☆

1. 我能说出三个以上森林火灾自救方法	☆☆☆☆☆
2. 我能说出输入设备和输出设备的含义	☆☆☆☆☆
3. 我能说出机器人小车的基本构造	☆☆☆☆☆
4. 我能说出机器人小车的运动原理	☆☆☆☆☆
5. 我能通过编程使机器人小车动起来	☆☆☆☆☆

反思笔记

◎简要描述机器人小车运动原理：

____

____

____

◎举例说明输入设备和输出设备的含义：

____

____

____

◎我在本模块收获最多的是：

____

____

____

◎我在本模块做得不好需要努力的地方是：

____

____

____

模块四 实施救援

核心问题

如何给救援小车编程，使其能尽快到达被困人员所在地？

情境

护林所侦测到A林区刚刚发生雷电，已经造成了小范围的森林火灾，形势危急，救援队需要立即制订救援计划，前去救援！身为救援队成员，我们该怎么做呢？

关键词

编程　路线图　流程图

活动

活动一 制订紧急救援计划

1 图4-1是A林区火灾情况图，请仔细观察，了解火灾情形。

图4-1　A林区火灾情况图

2 图 4–1 中 A 林区的交通情况暂不清楚，因而我们将其转化为图 4–2 的 A 林区交通路径图。

图 4–2　A 林区交通路径图

从图 4–2 可以看出 A 林区的交通路径是 6 × 6 方格形的路径，救援小车需要沿着方格路径并绕过林火前去救援。

3 为了能更精确地规划救援路线，救援队将地图进行了简化，图 4–3 为简化版的 A 林区火灾地图，请在图 4–3 中画出最佳救援路线图。

图 4–3　A 林区火灾简图

4 图 4–4 所示即路线图转换为流程图的案例，图 4–4（a）为路线图，图 4–4（b）为流程图。

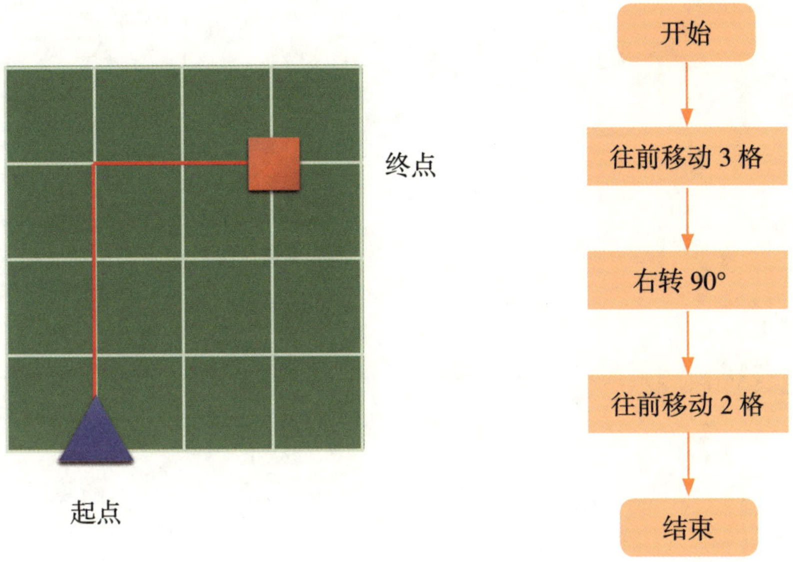

（a）　　　　　　（b）

图 4–4　路线图转换为流程图的案例

（a）路线图；（b）流程图

流程图是使用图形来表示做一件事情的思路或步骤。

开始　表示一件事情的开始。

结束　表示一件事情的结束。

某种处理　表示完成一件事情过程中的一个步骤。

——→上面这三种图形之间都用箭头来连接。

5 请将规划的救援路线图转化为流程图，画在下方空白处。

活动二 给救援小车下达救援指令

1 请以小组为单位，按照上述的流程图给小车编程，实现救援小车以最短时间完成救援任务的目标，并将编程过程中遇到的问题记录下来。

（1）给救援小车编程时，遇到了什么问题？

____

____

____

____

____

（2）出现这些问题的原因是什么？

____

____

____

____

____

（3）对于出现的问题，我们该怎样解决呢？

____

____

____

____

2 对于开始的两个问题，找到答案了吗？快写出来与大家分享吧！

（1）最佳救援路线是怎样的？请在图 4–5 的火灾灾情路线图上画出来。

图 4–5　火灾灾情路线图

（2）怎样才能使救援小车以最短的时间完成救援任务呢？

____

____

我的评价

请根据自己的学习情况，给小星星涂上喜欢的颜色。

20% 能做到	☆
40% 能做到	☆☆
60% 能做到	☆☆☆
80% 能做到	☆☆☆☆
100% 能做到	☆☆☆☆☆

1. 我能说出流程图的含义和结构	☆☆☆☆☆
2. 我能将救援路线图转化为流程图	☆☆☆☆☆
3. 我能对救援小车进行编程，使其实现直行后左转和直行后右转	☆☆☆☆☆
4. 通过给救援小车编程，我能探索出最佳救援路线	☆☆☆☆☆
5. 我能根据流程图给救援小车编程，使其按照规划的路线前去救援	☆☆☆☆☆

反思笔记

◎在本模块中我学到了以下有关流程图的知识：

____

____

____

◎影响小车救援速度的因素有：

____

____

____

◎我在本模块收获最多的是：

____

____

____

◎我在本模块做得不好需要努力的地方是：

____

____

____

模块五 测试、分享和反思

核心问题

如何在测试实践中改进路线并完善救援方案？

情境

在上一模块的学习中，我们已经用数学知识和逻辑思维解决了如何给救援小车编程，以使其尽快到达被困人员所在地的难题，但是这样的方案是否可行呢？就让我们通过实践来检验吧！

关键词

实践检验　总结经验　分享交流　改进　优化

活动

活动一 实际测试

1 请将已经编写好的程序导入小车，然后启动小车，观察救援小车是否能够按照最佳救援路线行进。

2 调试已有程序，直到顺利到达目的地并返回出发点。在调试的过程中，请将每一次出现的问题以及解决方案记录下来。

出现问题	解决方案

3 每个小组派一名代表演示救援过程。

活动二 分享、交流

1 请以小组为单位，围绕下面的问题进行讨论。

（1）在课程任务中，最大的收获是什么？请用文字进行描述（限 200 字以内）。

（2）在小组合作过程中，遇到过哪些问题？是怎么解决的？

____

____

____

____

____

____

____

2 各小组将组内成员的经验进行总结，并分享给其他小组。各小组分享经验时，请记录每个小组最令你印象深刻的部分，用简单的几个词语进行概括。

第一组：
第二组：
第三组：
第四组：
第五组：

我的评价

请根据自己的学习情况，给小星星涂上喜欢的颜色。

20% 能做到 ☆

40% 能做到 ☆☆

60% 能做到 ☆☆☆

80% 能做到 ☆☆☆☆

100% 能做到 ☆☆☆☆☆

1. 我能根据编程思路，完成最终的编程实践	☆☆☆☆☆
2. 我能从他人的分享中吸收经验	☆☆☆☆☆
3. 我能根据实践情况，修正程序设计，完善设计方案	☆☆☆☆☆
4. 我能学会反思	☆☆☆☆☆
5. 我能分享学习成果并与他人交流学习经验	☆☆☆☆☆

反思笔记

◎在本课程中我学到了以下知识：

____

____

____

◎通过学习本课程，我知道了下列保护美丽森林的方法：

____

____

____

◎我在本模块收获最多的是：

____

____

____

◎我在本模块做得不好需要努力的地方是：

____

____

____